中国儿童核心素养培养计划

课后半小时 小学生阶段阅读

文化基础 ✕ 自主发展 ✕ 社会参与

高效学习

课后半小时编辑组 ■ 编著

天才是怎样炼成的

017

北京理工大学出版社
BEIJING INSTITUTE OF TECHNOLOGY PRESS

第 1 天 万能数学 ⟨数学思维⟩
第 2 天 地理世界 ⟨观察能力　地理基础⟩
第 3 天 物理现象 ⟨观察能力　物理基础⟩
第 4 天 神奇生物 ⟨观察能力　生物基础⟩
第 5 天 奇妙化学 ⟨理解能力　想象能力
化学基础⟩

第 6 天 寻找科学 ⟨观察能力　探究能力⟩
第 7 天 科学思维 ⟨逻辑推理⟩
第 8 天 科学实践 ⟨探究能力　逻辑推理⟩
第 9 天 科学成果 ⟨探究能力　批判思维⟩
第 10 天 科学态度 ⟨批判思维⟩

文化基础 ▶ **科学基础** ———— **科学精神** ▶ **人文底蕴**

核心素养之旅
Journey of Core Literacy

　　中国学生发展核心素养，指的是学生应具备的、能够适应终身发展和社会发展的必备品格和关键能力。简单来说，它是可以武装你的铠甲、是可以助力你成长的利器。有了它，再多的坎坷你都可以跨过，然后一路登上最高的山巅。怎么样，你准备好开启你的核心素养之旅了吗？

第 11 天 美丽中国 ⟨传承能力⟩
第 12 天 中国历史 ⟨人文情怀　传承能力⟩
第 13 天 中国文化 ⟨传承能力⟩
第 14 天 连接世界 ⟨人文情怀　国际视野⟩
第 15 天 多彩世界 ⟨国际视野⟩

第 16 天 探秘大脑 ⟨反思能力⟩
第 17 天 高效学习 ●自主能力　规划能力
第 18 天 学会观察 ⟨观察能力　反思能力⟩
第 19 天 学会应用 ⟨自主能力⟩
第 20 天 机器学习 ⟨信息意识⟩

学会学习

自主发展

健康生活 ————
第 21 天 认识自己 ⟨抗挫折能力　自信感⟩
第 22 天 社会交往 ⟨社交能力　情商力⟩

社会参与 ▶ **责任担当** ———— **实践创新** ———— **总结复习**

第 23 天 国防科技 ⟨民族自信⟩
第 24 天 中国力量 ⟨民族自信⟩
第 25 天 保护地球 ⟨责任感　反思能力
国际视野⟩

第 26 天 生命密码 ⟨创新实践⟩
第 27 天 生物技术 ⟨创新实践⟩
第 28 天 世纪能源 ⟨创新实践⟩
第 29 天 空天梦想 ⟨创新实践⟩
第 30 天 工程思维 ⟨创新实践⟩

第 31 天 概念之书

中国儿童核心素养培养计划

课后半小时 小学生阶段阅读

文化基础 ✕ 自主发展 ✕ 社会参与

017

追求学习的效率

如果说有什么事物是人永恒的追求，那么毫无疑问，"效率"一定是其中之一。

回顾历史，远古时期的人类将一部分野生植物培育成农作物，这是为了提高获取食物的效率；步入青铜时代，人们把宝贵的金属做成武器，这是为了提高作战的效率；工业革命后，蒸汽机驱动的工厂取代了手工作坊，这是为了提高生产产品的效率；今天，互联网延伸到社会的每个角落，正是为了提高获取和传递信息的效率。甚至可以说，我们对于"效率"的追求，伴随着人类发展的历史。

人类对于效率的追求不仅仅体现在物质上。随着文明的发展，人类积累了天文数字般的知识，这些知识当然是宝贵的财富，但是获取财富的道路并不轻松。在求知之路上不停求索的学习者往往有一个共同的愿景：提高学习效率。

于是历史上流传下许多勤奋苦学的经典故事，比如囊萤映雪、凿壁借光、悬梁刺股，而这些孜孜不倦的求学者往往是用加大强度的方式，试图把学习的效率提高一些。不可否认他们的刻苦精神值得后世学习，但有没有一种更科学、更系统的"巧劲"，能达到同样的，甚至更出色的效果呢？

今天，心理学、教育学、脑科学等专业的学者，正致力于运用现代科研方法发掘这一"巧劲"。

我们将"高效能学习"这一宏大的目标，拆分成若干个更具体、更有针对性的品质、策略：设定恰到好处的学习目标激发的最大限度的驱动力、设定目标后全力以赴的行动力、在学习过程中心无旁骛的专注力、将知识深深"烙"进脑海的牢固的记忆力、在漫长的求学生涯中始终不懈的毅力，以及遇到挫折或瓶颈时依然自信的稳健心态。无论我们是在课堂上学习科学文化课程，还是在生活中学习更广博的知识与技能，这些品质、策略都足以让我们受益终身。

在本册里，我们将从心理学的角度出发，逐一探索怎样培养这些卓越的品质，揭开高效能学习的奥秘。

吉春亚
语文特级教师，语文专业审读

难道我真的不用功？

撰文：张婉月

也许你有过这样的经历：硬着头皮去完成一项并不轻松的任务，比如写一篇不知如何下笔的作文、默写一堆拗口的单词，在书桌前绞尽脑汁，时间一点一点流逝。不知过了多久，爸爸妈妈走进房间，一看没写几行字的功课簿，眉头一皱，紧接着便是一阵责问："半天时间才做了这么一点？你也太不用功了吧！"

> 半天过去了，才做了这么点儿，你也太不用功了！

> 什么？竟然说团团不用功？团团一直在学习，都没休息过！

> 大家一直在工作，现在确实有点儿过度疲劳了。

▶延伸知识

曾国藩是晚清重臣，有这样一个关于他童年时的小故事。一个小偷趁曾国藩背书时潜入家里，趴在房梁上，盘算着等大家都睡着了再下来行窃。结果曾国藩背书背了一整夜，到天亮时还没背下来。小偷苦等了一夜却无机可乘，只好从房梁上跳下来，哭笑不得地对曾国藩说："听你背了一夜，我都背下来了，你却还不会背。"小偷一口气把这篇文章背诵完后扬长而去。从这个小故事里我们能看出来，坚持苦背一夜，不能说不用功，而令小偷哭笑不得的，恰恰是那低下的效率。

发现生活 FINDING

这时候也许你会很委屈："为什么说我不用功呢？我明明很努力地想要完成好这项任务，用功的标准到底是什么呢？"是不是只有像机器一样不眠不休地工作才算是用功呢？当然不是，我们提倡和追求的"用功"并不是一味埋头苦干，而是提高学习的效率，做到事半功倍。这就是高效能学习。

主编有话说

回顾历史上那些取得了杰出成就的人们，他们往往有一条共同的成功经验，那就是注意提高工作效率，让自己在一定时间内完成的工作又多又好。比如第二次世界大战期间的英国首相丘吉尔，做事雷厉风行，效率奇高。为了刺激工作迟缓的政府官员，丘吉尔准备了许多"立即行动起来"的便签，常常贴在那些效率低下的官员的手杖上。

高效学习的关键
——注意力

撰文：陶然

▶延伸知识

这个小故事是战国时期的著名思想家孟子说的，出自《孟子·告子上》。孟子非常擅长用打比方、讲故事的方式来说理，这个故事就是劝谏学习时要专心致志的。瞧，两千多年前的古人就意识到了高效学习的关键。

想要提高学习效率，就要知道影响我们学习效率的因素。

古时候，有一位举国闻名的围棋大师，亲自传授两个徒弟棋艺。其中一个徒弟聚精会神，耳听着老师的教导，眼看着老师的演示；

另一个徒弟虽然也坐在棋盘旁，但眼角偷偷瞄着远处的飞鸟，心里盘算着拿起弓箭将它射下。虽然两人一起跟大师学习，后者却远不如前者。这是因为他的智力不如人吗？当然不是，而是因为他的注意力不够集中。

"压力山大"的工作记忆

撰文：陶然

为什么注意力这么重要呢？大脑进入学习状态时，负责处理眼前各种信息的工作记忆就开始启动了。而眼前的各种信息都是新的，工作记忆的容量又十分有限，所以工作记忆的压力很大，时常忙得团团转，因此注意力集中很重要。

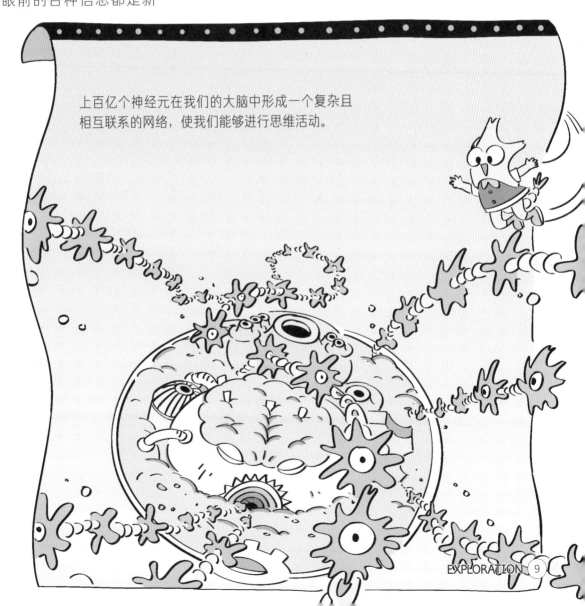

上百亿个神经元在我们的大脑中形成一个复杂且相互联系的网络，使我们能够进行思维活动。

保护我们的注意力

撰文：豆豆菲

大脑进入思考状态时，神经元之间就会进行信号传递。神经元具有各种大小和形状，但它们大多具有长突起，它专门负责把信息传递到相邻的神经元，这个过程有点类似于搭积木。随着积木高度的增加，我们也越来越有灵感，距离取得成果越来越近。要是搭起来的积木突然崩塌了，那就不得不一块一块从头再搭起来。所以学习过程中一旦走神，信息传递就会中断，再要重新集中注意力那可就太费劲啦。

很多时候，注意力是很"脆弱"的，需要我们格外用心来保护它。为此，我们可以在做一项任务之前先把它拆解成若干个具体的小目标，把它们以及需要专注的时间列出来，因为明确的目标能够给注意力很好的指向性。我们还可以减少干扰对象，学习时把手机、游戏机等能够吸引自身注意的物品收起来，因为当环境中有更感兴趣的其他事物时，很容易发生注意力的转移。

▌主编有话说

注意力的保护并不是"临阵磨枪"，我们平常就要做到作息规律、适当运动，保持身体和精神状态良好。稳健的身心状态有助于保持注意力的稳定性。

这还差不多。

劳逸结合胜过心猿意马

撰文：一喵师太

当然啦，高效学习并不是说把休闲娱乐的时间全部占满，而是提高学习时间的专注力。我们也提倡劳逸结合，学就学个踏实，玩就玩个痛快。一方面我们可以有意识地锻炼自己的注意力，这样就能进一步延长自己的注意力持续时间；另一方面，我们可以根据自己的注意力周期，把一个并不轻松的任务拆解成多个小目标，逐个完成。

▶延伸知识

既然注意力这么"脆弱"，那么它的限度是多久呢？据调查显示：儿童的注意力通常保持 20~35 分钟，成年人更长一些，但是超过 1 小时，大多数人就会感到疲劳了。注意力的有效时间是有限的。可以说，注意力也是一项宝贵的、需要精心分配的资源。

不是不能玩耍，而是要设定好时间，学习的时候就专注地学习，玩的时候当然也可以痛快地玩！

"苦干"还是"巧干"？

撰文：一喵师太

难道应该一直埋头苦干吗？你可能听说过囊萤映雪、悬梁刺股的故事，这些勤奋苦读的古人映着微弱的萤火读书、借助积雪的反光读书，甚至担心深夜打瞌睡，而用绳子吊着脑袋、用锥子扎大腿，这样的执着精神当然可敬，但这样苦干的行为真的好吗？

正如我们前面所提到的，大脑的思考工作要通过神经元来完成。当神经元越来越活跃、结合得越来越紧密时，我们的学习效率就越高；而当我们感到学习很不在状态时，神经元往往已经很"疲惫"了。

▍主编有话说

古人曾很崇尚苦干，今天我们应当继承这种刻苦的精神，但是在具体的方法上，要采用更科学、更高效的策略。

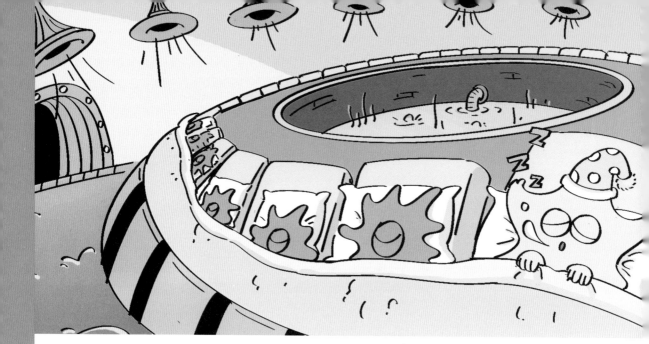

换个模式思考

撰文：硫克

古代的弓箭手，只有在作战时才给弓装上弦，平常会把弦拆下来，免得弓时刻紧绷而失去弹性。我们也不宜总让大脑"紧绷"着，学习的时候需要专注，但在感到疲劳或者陷入困境时，可以放松放松。比如，平躺下来休息一会儿就是个很好的放松方式，不用太担心，大脑并没有彻底"躺平"，这时候的大脑没有刻意去思考，它只不过进入了另一种思考模式。

主编有话说

长期进行过高强度的脑力活动，可能会引起神经衰弱、失眠等症状，也就是所说的"用脑过度"。许多废寝忘食投身事业的科学家、文学家、艺术家都曾受到"用脑过度"带来的困扰。大脑犹如一架精巧的机器，荒废闲置和超负荷运转都不是对待它的科学方式。

放松中的大脑在进行另一种思考。

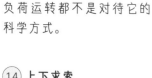

在专注模式下，我们按照相对固定的模式来配合，就像排列整齐的队列。

当团团在朗读、听课、做题时，就处于专注模式。

在发散模式下，我们的组合是随意的。这时，各种想法之间在建立着充满想象力的联系，创意通常就是在这时冒出来的。

当团团在随意地写写画画、发呆、做白日梦时，就处于发散模式。

专注模式与发散模式

撰文：豆豆菲

📖主编有话说

许多诺贝尔奖得主都有一项长期保持的业余爱好，包括音乐、诗歌、手工艺，等等，这说明善于思考的人往往有自己喜爱的放松方式，在放松状态下，大脑时常迸发出令人惊喜的灵感火花。

如果要问这两种模式哪个更好，答案便是它们各有所长。如果说专注模式是全神贯注的思考，那么发散模式就是天马行空的想象。比如哲学家康德喜欢散步，一边漫步一边让思绪在天地间随意畅游，他称之为"思想的冒险"；比如科学家居里夫人还是一位运动健将，常常在科研工作的间隙去户外长途骑行；比如爱因斯坦在物理学研究之余，喜欢拉小提琴来放松，这给他带来"无限的想象力"。

"换换脑子"
也有科学依据

撰文：豆豆菲

我们要充分利用大脑这两种思考模式各自的长处。比如，在课堂上要聚精会神，让大脑保持在专注模式，而上了 40 分钟课后课间活动，要让大脑放松放松，从专注模式进入发散模式，所以课间时间可以适当活动活动。在平常学习时，一门科目学累了或者一本书看久了，可以换一下内容，也就是我们平常说的"换换脑子"。适当的调节和休息，对大脑和眼睛都有好处。

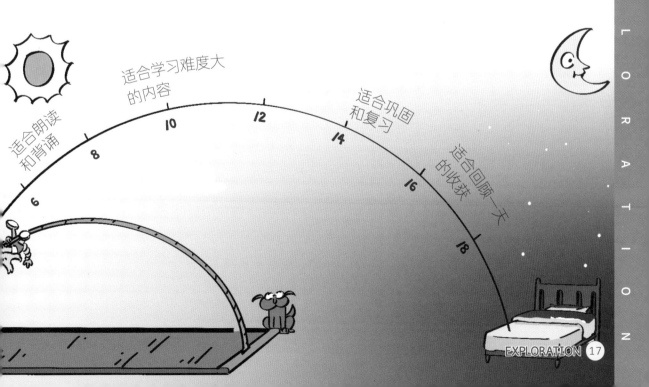

适合学习难度大的内容

适合巩固和复习

适合朗读和背诵

适合回顾一天的收获

遗忘也有规律

撰文：陶然

▶延伸知识

赫尔曼·艾宾浩斯是德国著名的心理学家，一生致力于有关记忆的实验心理学研究。他在 1885 年出版了《记忆》一书，提出了著名的"遗忘曲线"。艾宾浩斯的成果在心理学中有着持续的影响，为现代心理学有关记忆的研究奠定了基础。

上一节我们探讨了大脑专注模式和发散模式的合理使用，但是一天的时间毕竟有限，那么，怎样在更长的时间里安排好学习计划呢？

这里就不能不提影响学习效率的一个重要因素——记忆力。有些记忆一旦形成就非常稳定，各种关于动作的记忆都是这样的，比如人一旦学会了走路，就几乎不会忘记。但知识和语言类的记忆就不同了，很容易遗忘。出乎许多人的意料，遗忘也是有规律的。心理学家艾宾浩斯通过研究人的记忆，总结出一条"遗忘曲线"。"遗忘曲线"显示，遗忘在学习之后立即开始，而且遗忘的进程并不是均匀的，最初遗忘速度很快，往后逐渐变慢、稳定。

有位叫艾宾浩斯的心理学家曾经提出过一个非常有名的"遗忘曲线"，把遗忘的规律告诉了我们。

记忆留存的数量

遗忘曲线

还没过多久呢，怎么都忘光了？

时间

利用"遗忘曲线"来复习

撰文：陶然

我们之所以会遗忘，是因为学习时进行连接的神经元，随着时间的推移变得松动，甚至断开。回忆复习就是要赶在连接断开之前加固它。得益于艾宾浩斯"遗忘曲线"的启发，我们可以设计若干个复习节点。

▶延伸知识

比如，我们可以将学习新知识的几分钟、当天、一周后、两到三周后各作为一个复习节点，尝试用复述等方式帮助自己回忆，这样有助于将知识转化为长久存在的长时记忆，牢固地保存在脑海里。

记忆留存的数量

但如果团团能够及时复习，情况就大大不同了！

及时在复习节点回忆知识，记忆就能长久保存。

时间

坚持还是放弃？

撰文：十九郎

学习的过程自然不是一帆风顺的，我们难免会遇到各式各样的挑战。比如，开始接触一门新功课、学习一门新技术，由于这些知识是陌生的，我们很可能产生困惑、忧虑，甚至烦躁、沮丧等消极情绪，也就是所说的大脑"学不动、想罢工"的感觉。比如下面"团团学围棋"的例子，团团想要放弃，仅仅是因为围棋本身的难度吗？

团团这学期新选了一门围棋课，可是团团之前从未接触过围棋。

但课上的很多同学之前都了解过，有的人甚至可以下得很好。

团团没法加入其中，觉得很沮丧，于是就不想学围棋了。

自我效能感

撰文：十九郎

通过上面这个例子，也许你已经发现了，与其说是围棋很难，倒不如说是团团觉得围棋很难。别的场景往往也是类似的道理，不一定是新知识很难，而是我们感到很难。我们之所以产生畏难情绪是因为此时缺乏"自我效能感"。

怎样激发自我效能感？

撰文：豆豆菲

在碰到感觉陌生且困难的事情时，可以把问题分解，一点一点地去接触和了解。比如学围棋时，可以先一点一点地去熟悉围棋的规则。

在取得每个小的进步后，都要及时给自己积极的暗示。不要小瞧一句"我可以的"，它真的可以给你力量！

除了语言上的暗示，在完成一个小目标后，还可以给自己一些小奖励，比如听听音乐、做做运动，或者吃点儿好吃的。

学得慢一定是坏事吗？

撰文：豆豆菲

主编有话说

其实，学得慢不一定是坏事。不同的人的大脑里，工作记忆往往有着不同的工作风格。有的人工作记忆速度很快，做事直接、行动敏捷，就像赛车型选手；也有的人工作记忆的速度没那么快，不过他们的每一步常常都很周密、仔细，就像漫游型选手。

学会了激发自己的"自我效能感"，我们就可以更有勇气地去面对一些艰难的挑战啦。但这一过程，进展可能会很慢，尤其是当别人快速步入后续阶段而我们还在反复尝试前面阶段的时候，好不容易激发的"自我效能感"会不会被泼冷水呢？

发现自己的优势

撰文：豆豆菲

思维快慢没有好坏之分，而是各有优势，可以相互借鉴。重要的是我们要了解自己，找到适合自己的学习节奏，比如赛车型选手有时可以让自己慢下来深入思考，而漫游型选手也要注意速度，该果断时也要果断。

加油，你可以的！
先从第一步开始吧！
看看接下来能做些什么！
你已经很棒了，还可以更棒！

因此，不要因为学得慢就轻易否定自己，让来之不易的好的自我效能感流失掉。好的自我效能感能支持我们把事情做好，所以，多给自己一些鼓励吧。即使我们前进的步伐稍有些慢，但只要我们坚定前行，就一定能抵达成功的彼岸，就像蜗牛坚持不懈地缓缓前行，也能像雄鹰一样登上金字塔的塔尖。学得慢的人也能获得殊途同归的成功。

摆脱拖延症

撰文：张婉月

既然"学得慢"也不是一件坏事，那我们是不是就可以高枕无忧了呢？比如说，先把要做的事情放一放，反正也不急于这一时。

可千万别有这样的心态！这会掉进拖延症的陷阱。说起拖延症，我们并不陌生，也就是明知会有不好的后果，但仍然不由自主地、把计划要做的事情往后推迟。拖延症发展到严重的程度，会对人的身心健康带来消极影响，出现自责、自我否定、焦虑等状态。那么，从科学上来说，拖延症是怎样产生的呢？

一件本来没有那么难的事情，在想象中却变得很难。

这是因为开始做一件自己不想做的事情时，大脑里的岛叶皮质就会开始工作，让团团感到痛苦。

岛叶皮质

勇敢迈出第一步

撰文：豆豆菲

坚持就是胜利

撰文：硫克

坚持了 10 分钟后，相信你会发现，拖延症也没有那么可怕。同样地，我们如果坚持第二个、第三个……更多个 10 分钟，会不会创造更大的奇迹呢？

当然可以，人类科学史上诸多堪称奇迹的伟大成就，就是靠一点一滴的进步累积而成的。比如，极地探险充满艰难险阻，可正是因为探险家的不懈努力，才逐渐揭开了冰雪世界的神秘面纱；比如，探索太空充满艰难险阻，可如果没有科学家的执着探索，宇宙就一直是个遥远的谜。

延迟满足

撰文：一喵师太

前进的道路并不轻松，那是什么力量激励着我们坚持前行呢？这就是"延迟满足"。

▶延伸知识

延迟满足

"延迟满足"的能力是指一种愿意为更有价值的长远结果而放弃即时满足的自我控制能力。马上开始玩耍娱乐是即时满足，而为了更有价值的长远目标而控制自己先努力学习工作就是延迟满足。当我们在做这些难做的事情时，就是在培养自己延迟满足的能力。

天才是怎样炼成的？

撰文：陶然

那些取得了了不起的成就的科学家、艺术家，他们成功的秘诀是什么呢？真的是因为有着与生俱来的超凡天赋吗？"一万小时定律"给出了我们答案。

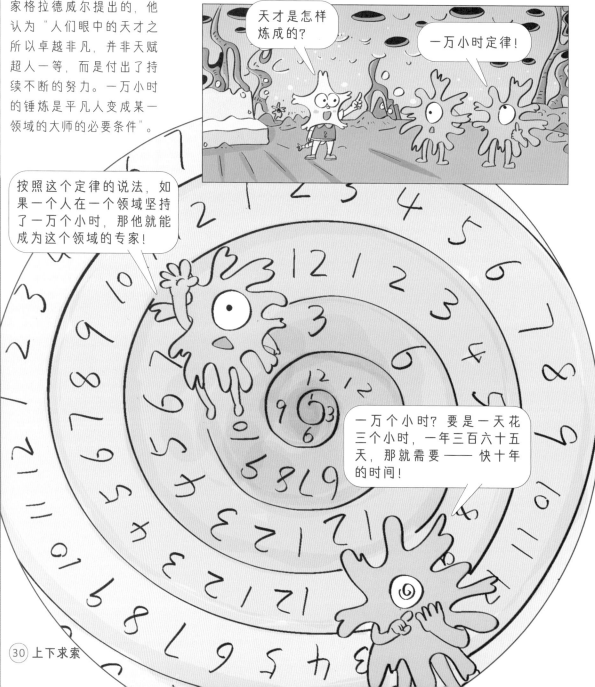

天才是怎样炼成的？

一万小时定律！

按照这个定律的说法，如果一个人在一个领域坚持了一万个小时，那他就能成为这个领域的专家！

一万个小时？要是一天花三个小时，一年三百六十五天，那就需要——快十年的时间！

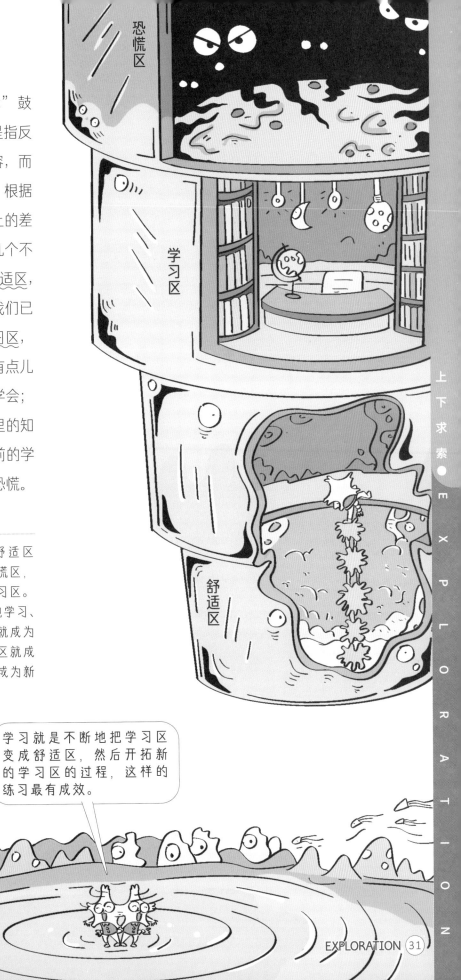

"一万小时定律"鼓励的坚持学习当然不是指反复学习已经熟悉的内容，而是不断攀登新的高峰。根据所学知识在难易程度上的差异，我们把它划分成几个不同的层次：最里面是舒适区，这里的知识和技能是我们已经掌握的；中间是学习区，这里的知识是新的，有点儿难，但通过努力可以学会；最外面是恐慌区，这里的知识难度超越了我们当前的学习能力，会让人感到恐慌。

｜主编有话说

我们不能总是停留在舒适区里，也不适合直接进恐慌区，要摸索着找到合适的学习区。而在学习区，经过不断地学习、突破，原来不会的知识就成为学会的知识，这样学习区就成为舒适区，而恐慌区就成为新的学习区。

学习就是不断地把学习区变成舒适区，然后开拓新的学习区的过程，这样的练习最有成效。

有人在制订学习计划时，

会雄心勃勃地设定一个非常高的目标，

但往往在执行过程中不堪重负、半途而废；

还有人生怕目标完不成，于是设定得非常简单，

但执行一阵子后就觉得索然无味。

那么，怎样设置一个理想的学习目标呢？

怎样设置学习目标呢？

答 心理学家洛克根据大量实验室研究和现场调查，提出了目标设置理论。在众多激励因素中，程度合适的目标是最有效的因素之一，因此，要有效地激励执行者去贯彻计划，必须设置合适的目标。

要判断目标设置的合理性，洛克认为可以从以下三个方面来评估：一是目标的具体性，也就是目标能够精确观察和衡量的程度；二是目标难度，也就是目标实现的难易程度；三是目标的可接受性，也就是执行者对目标的认可程度。

综合来看，我们应该给自己设置这样的目标：它很具体（比如"每周积累 5 个成语"就比"每周积累许多成语"要具体、可衡量），它难度适中（也就是位于我们的"学习区"，而不是"舒适区"或"恐慌区"），我们发自内心地认为它是有价值、有意义的。

吉春亚

语文特级教师

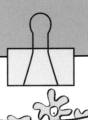

除此之外，还可以试着做这些事情：

将你的目标和计划告诉爸爸妈妈或朋友等值得你信赖的人，让他们来督促和陪伴你。

记录日常生活，并分享自己的收获，跟身边的人一起进步。

定期总结和反思自己的行动和效果，分析自己做得好与不好的地方，好的地方继续保持并不断强化，不好的地方想办法改进。

不管坚持之后你得到了什么，坚持本身就在让你变得更加强大！

在生活学习中，这样的鼓励很常见：

不要太有压力，顺其自然就好。

可是，我们也会时常听到另一种声音：

加把劲呀，打起精神努力做。

一种是无欲无求的"顺其自然"，

一种是全力以赴的"有意为之"，

哪个是更有效的学习方式呢？

"顺其自然"和"有意为之"哪个更有效？

答 还记得前面提到的"一万小时定律"吗？它并不意味着要把简单动作重复上万次，而是鼓励我们"刻意练习"。刻意练习是一种有目的、有规划的学习方式，要求我们首先确定明确的目标，在过程中保持专注，并及时将自己的进度和目标做比较，及时调整方向和调配时间与精力。

总的来说，要达到目标，心态和方法都很重要。当我们感到压力很大时，可以采用"顺其自然"的心态帮助自己舒缓压力，当我们具体工作时，可以采用"有意为之"的方法，刻意练习，激励自己全力以赴。

吉春亚

语文特级教师

成功之路

1 制定明确的目标。

2 保持专注，将注意力全部集中到当前的任务上。

3 及时检查，了解自己哪里掌握了，哪里还存在不足。

4 走出舒适区。不走出舒适区是很难取得进步的。

THINKING
头脑风暴

选一选

01 大脑的哪一种思考模式下，更有可能迸发出奇思妙想的灵感？（ ）

A. 专注模式

B. 发散模式

02 根据艾宾浩斯的"遗忘曲线"，我们能发现人对于新学习知识的遗忘速度是（ ）。

A. 先慢后快的

B. 先快后慢的

C. 匀速变化的

03 根据艾宾浩斯的"遗忘曲线"揭示的记忆规律，哪种复习策略能最大限度地帮助我们巩固记忆？（ ）

A. 学习新知识后立刻进行复习

B. 学习新知识几个月后进行复习

C. 设置多个复习节点，学习新知识的几分钟后、当天、一周后、两到三周后进行复习

04 当我们对某个新领域的学习产生畏难情绪时，很有可能缺乏（ ）。

A. 成就感

B. 危机感

C. 自我效能感

05 如果明知会有不好的后果，仍然把计划要做的事情往后推迟，这一行为可能是（ ）。

A. 拖延症

B. 焦虑症

C. 抑郁症

06 _____ 指接触没有难度的知识或者习以为常的事务时，可以处于舒适心理的状态。

07 _____ 指接触不熟悉的、具有一定难度的领域时，产生的应对挑战的心理状态。

08 _____ 指接触超出自己能力范围太多的事务或知识，产生严重不适，甚至可能导致心理崩溃以致放弃的状态。

09 心理学家洛克提出的 _____ 理论，指出设置目标会影响激励水平和工作绩效。

10 _____ 是一种有目的、有规划的学习方式，强调明确目标、保持专注、不断收集反馈。

名词索引

头脑风暴答案

1B   6 舒适区

2B   7 学习区

3C   8 恐慌区

4C   9 目标设置

5A   10 刻意练习

致谢

《课后半小时　中国儿童核心素养培养计划》是一套由北京理工大学出版社童书中心课后半小时编辑组编著、全面对标中国学生发展核心素养要求的系列科普丛书，这套丛书的出版离不开内容创作者的支持，感谢米莱知识宇宙的授权。

本册《高效学习　天才是怎样炼成的》内容汇编自以下出版作品：

[1]《欢迎来到我的世界：大脑爱学习》，电子工业出版社，2022 年出版。

图书在版编目（CIP）数据

课后半小时 : 中国儿童核心素养培养计划 : 共31册/
课后半小时编辑组编著. -- 北京 : 北京理工大学出版社, 2023.5
ISBN 978-7-5763-1906-4

Ⅰ. ①课… Ⅱ. ①课… Ⅲ. ①科学知识—儿童读物
Ⅳ. ①Z228.1

中国版本图书馆CIP数据核字(2022)第233813号

出版发行 / 北京理工大学出版社有限责任公司
社　　　址 / 北京市海淀区中关村南大街5号
邮　　　编 / 100081
电　　　话 / （010）82563891（童书出版中心）
网　　　址 / http://www.bitpress.com.cn
经　　　销 / 全国各地新华书店
印　　　刷 / 雅迪云印（天津）科技有限公司
开　　　本 / 787毫米×1092毫米　1 / 16
印　　　张 / 83.5
字　　　数 / 2480千字　　　　　　　　　　　　　　责任编辑 / 申玉琴
版　　　次 / 2023年5月第1版　2023年5月第1次印刷　　文案编辑 / 申玉琴
审 图 号 / GS（2020）4919号　　　　　　　　　　　责任校对 / 刘亚男
定　　　价 / 898.00元（全31册）　　　　　　　　　　责任印制 / 王美丽